No esperes mililitros ... cantidades
exactas...
Espera pizcas, chorros y cucharaditas

No esperes esferificaciones de mango
ni cocina molecular...
Espera cocidos, pucheros y arroces al
horno

Las puedes leer en la web totalmente
gratis porque este libro no se ha creado
para que sea líder de ventas si no para
hacer un homenaje a esas madres que
cocinaban para nosotros y hacían que
la casa oliera tan bien.

Indice

01

RECETAS FRESCAS

Ensaldas, platos fríos y esas cosas que apetecen en verano

Pastel de patata

INGREDIENTES

- Un kilo de patatas hervidas
- Un bote de tomate frito
- Dos latas de atún
- Dos huevos duros
- Una lata de pimiento morrón

El pastel de patata es una receta muy socorrida. Es fácil de elaborar, los ingredientes son baratos, lo puedes dejar preparado con tiempo y encima está super rico.

ELABORACIÓN

Para preparar la mezcla:
Cortar todo muy pequeñito y mezclar el tomate, el atún, los huevos y el pimiento.
(Y si quieres ponle piñones).

Para preparar el envoltorio
Haz un puré con la patata que tienes cocida.

Después extiéndela sobre el banco de la cocina. (Pon un trozo de papel de aluminio para que sea más fácil moverlo después)

Una ve extendida la patata pon la mezcla encima y enrollala para formar un brazo de gitano.

Para terminar cubrir con mayonesa y adornar al gusto.

Ensalada de pollo

INGREDIENTES

- Una pechuga
- Una lechuga
- Un tarro de mayonesa al gusto
- Pasas sin semillas

Se puede reaprovechar los restos del cocido para hacer esta receta

ELABORACIÓN

Partir la lechuga y pechuga muy pequeño y mezclarlo con las pasas y la mayonesa.

Que sencillo!!

Pero esta receta tiene truco, pues yo aprovecho el día que hago cocido para gastar la gallina en la ensalada, por lo cual esta ensalada resulta ligera y barata.

Ensalada de tronquitos de cangrejo

INGREDIENTES

- Un tarro de mayonesa mediano de unos 470 gramos.
- Tronquitos de cangrejo 600 gramos.
- Media docena de huevos cocidos.
- Una lechuga.

Es muy sencilla y mucho más sabrosa de lo que piensas

ELABORACIÓN

Cortar la lechuga muy pequeña y los huevos, pero reservaremos tres yemas para después rallarlas.

Hacer los tronquitos de cangrejo en tiras y mezclar todo bien con la mayonesa.

Pasarlo a una bandeja y rallarle las yemas que teníamos reservadas,.

Adornar al gusto.

Moje

INGREDIENTES

- Un bote de tomate de medio kilo
- Dos latas de atún
- Tres huevos
- Una cebolla tierna
- Un bote de aceitunas
- aceite de oliva
- Sal

Es incluso mejor al día siguiente

ELABORACIÓN

Escurrir el tomate para quitarle el exceso de caldo.

Cocer los huevos y trocear todo: el tomate, la cebolla, los huevos, el atún, las aceitunas (pueden ser al gusto negras o verdes, con hueso o sin hueso, no es necesario poner un bote si tenemos en casa de tarro nos sirven).

Si los huevos están fríos mejor pues es una ensalada!!!!!

Poner sal y aceite.

Ensaladilla de patatas con manzana y palmito

INGREDIENTES

* Patatas 6 medianas sobre un kilo
* Zanahorias 4
* Huevos 6
* Manzana 1 grande, yo pongo fuji
* Palmitos un tarro grande
* Tronquitos de cangrejo 300 gramos
* Mayonesa
* Sal

ELABORACIÓN

Pelar, lavar y cortar las patatas y las zanahorias y cocer.

Cuando estén cocidas, escurrir bien.

Cocer los huevos.

Cuando lo tengamos todo cocido y frío, cortar los palmitos, los tronquittos de cangrejo, la manzana y los huevos y mezclar junto con las patatas y las zanahorias.

Ponerle mayonesa al gusto, ponerlo en una fuente y adornar como mas nos guste, servir frío.

Ensalada de patata y atún

INGREDIENTES

- Seis patatas medianas
- Seis huevos
- Cuatro latas de atún
- Dos tomates medianos
- Una cebolla mediana
- Sal
- Pimentón dulce
- Aceite de oliva

ELABORACIÓN

Lavar las patatas con piel, pincharlas y cocerlas con un poco de sal. Lavar los huevos y cocerlos.

Cuando estén cocidas tanto las patatas como los huevos, pelarlos, pelar la cebolla y ponerla con sal unos minutos para que no pique, estrujarla y lavarla, para quitar la sal.

Ponerle un buen chorro de aceite, pelar los tomates.

Cuando lo tengamos todo es el momento de montar la ensalada, cortar las patatas en rodajas y ponerlas en el fondo, ponerle el pimentón por encima al gusto, la cebolla, bien esparcida, el tomate a rodajas, el atún, y por ultimo el huevo partido en medias o cuartos

Y UN POCO DE ACEITE POR ENCIMA

Es una comida muy buena para el verano, rápida Y además barata

Huevos rellenos de atún y jamón york

INGREDIENTES

- 8 huevos
- Atún tres latas
- Jamón 100 gramos
- Una lechuga
- Mayonesa

ELABORACIÓN

Cocer los huevos.

Cuando estén fríos pelar y partir por la mitad quitando las yemas, reservar tres yemas.

Lavar y cortar la lechuga muy pequeña y escurrir bien.

Cortar el jamón muy pequeño y mezclar todo: la lechuga, el jamón, el atún, las yemas y la mayonesa y rellenar las huevos.

Ponerlos en una bandeja y por ultimo rallar las yemas por encima.

Adornar al gusto!!!!

Ensalada de merluza

INGREDIENTES

- Filetes de merluza congelada sin piel 500 gramos
- Huevos cuatro
- Jamón york 200 gramos
- Un bote de maíz pequeño
- Mayonesa un tarro 200 gramos
- Un tomate maduro
- Una cebolla
- Una zanahoria
- Dos hojas de laurel
- Sal
- Un chorrito de aceite

ELABORACIÓN

Lavar la merluza y ponerla en una cazuela con agua y con la cebolla, el tomate, las hojas de laurel, la zanahoria, el aceite y un poco de sal. Cocer durante 5 minutos. Sacarla y dejar escurrir.

Hacer una tortilla con los huevos. Cortar la tortilla y el jamón muy pequeños, del tamaño del maíz.

Coger la merluza y deshacer o cortar, yo la deshago porque si hay alguna espina se ve mejor.

Mezclar todo: la merluza, el jamón, la tortilla, el maíz (que tendremos escurrido) y la mayonesa.

Pasarlo a una bandeja y adornar al gusto.

02 PRINCIPALES

Platos para disfrutar de una
comida casera

ARROCES Y PASTAS

Arroz al horno

INGREDIENTES

- Medio kilo de costillas de cerdo
- Tres cortadas de panceta
- Cuatro longanizas.
- Cuatro morcillas
- Dos patatas
- Un tomate
- Un tarro de garbanzos pequeño
- Una cabeza de ajos
- Medio kilo de arroz (unas 6 tacitas)
- Agua (el doble que arroz)
- sal y colorante

ELABORACIÓN

Cortar las costillas, la panceta y las longanizas en trozos pequeños; las patatas y el tomate en rodajas.

Freímos las costillas, la panceta y las longanizas y reservamos; al tomate le damos vuelta y vuelta y reservamos; lo mismo con las morcillas y las patatas y por ultimo freiremos el arroz.

Lo pondremos todo en una cazuela de barro para el horno, lo ultimo que pondremos sera las patatas el tomate las morcillas y la cabeza de ajos que la pondremos en el centro según foto!!

Horno 180 grados 45 minutos arriba y abajo con la bandeja en la parte de abajo del horno

Arroz meloso con bogavante y morcilla

INGREDIENTES

Dos bogavantes
Dos morcillas
Una sepia pequeña
Un 1/4 k de gamba pelada
Un nabo mediano blanco
Arroz 600 gr
Aceite
Pimentón dulce: dos
cucharas de café
Ñora molida: dos cucharas de
cafe
Dos dientes de ajo
Dos litros de caldo de
pescado
Sal
Tomate
Colorante

Yo suelo retirar un poco de caldo antes de poner el arroz por que suelen repetir , así se añaden un poco de caldo, pues si el arroz tiene mucho caldo se lo absorbe y se pasa.

ELABORACIÓN

Limpiar y partir los bogavantes, limpiar la sepia, las gambas y el nabo y partirlo en trocitos muy pequeños, quitarle la piel a la morcilla para que se deshaga, trocear el ajo muy pequeño y el tomate.

En un caldero pondremos el aceite y sellaremos el bogavante, retirar y reservar.

Poner la sepia, el ajo, y el tomate y cuando lo tengamos sofrito poner el pimentón y rápidamente el caldo; poner las morcillas y la sal y dejar cocer 10 minutos.

Añadir la ñora, el color, los bogavantes y el arroz y dejar cocer 15 minutos, apagar el fuego y dejar reposar tres minutos, lito para comer!!!!!!

Paella de verduras

INGREDIENTES

- Arroz medio kilo
- Un pimiento rojo
- Un pimiento verde
- Media coliflor (sobre medio kilo)
- Un calabacín
- Garrofón 100 gramos
- Habas muy tiernas 100 gramos
- Un tomate maduro
- Un diente de ajo
- Sal y pimentón dulce

ELABORACIÓN

Cortar todas las verduras no muy grandes, picar el tomate y el ajo.

Poner la paella al fuego con el aceite y empezar a freír por orden de dureza: poner la coliflor, los pimientos, el calabacín, las habas y el garrofón.

Cuando lo tengamos todo bien frito pondremos el tomate junto con el ajo.
A continuación añadir el arroz, lo freiremos también.

Poner el pimentón, darle una vuelta y añadir el agua, un poco mas de el doble que arroz (si tenemos 6 medidas de arroz 15 de agua).

Yo suelo poner una pastilla de caldo de verduras para darle más sabor.

Paella valenciana

INGREDIENTES

- Un kilo y medio de pollo limpio
- Conejo: tres cuartos de kilo
- Arroz 600 gramos
- Judías verdes y perona medio kilo
- Garrofon 400 gramos
- Un tomate maduro
- Dos dientes de ajo
- Pimentón dulce
- Aceite de oliva un 200 gramos
- Color y sal
- Una ramita de romero

ELABORACIÓN

Partir y limpiar todo.
Rallar el tomate y el ajo.

Poner la paella al fuego con el aceite y freír muy bien la carne ya salada; cuando la tengamos frita poner las judías y freír bien. A continuación el tomate con el ajo y cuando este bien frito añadiremos el pimentón y daremos una vuelta.

Añadiremos agua y dejaremos cocer durante 20 minutos, pondremos el romero y dejaremos cocer según nos guste de sabor.

Pondremos el color, comprobaremos la sal y ... es el momento de poner el arroz a cocer durante unos 18 minutos a fuego moderado.

Pimientos rellenos de arroz

INGREDIENTES

- Pimientos 6 unidades
- Arroz 500 gramos
- Carne picada 600 gramos de cerdo y ternera
- Longanizas 6 unidades de cerdo
- Tomate frito una taza de café
- Dos dientes de ajo
- Aceite 150 ml
- Sal
- Color
- Una poca de nuez moscada
- Agua (dos tazas de café)

ELABORACIÓN

Poner un puchero con agua y una poca de sal al fuego.

Limpiar los pimientos y cortar la parte del rabo formando un circulo para meter el arroz, quitar las semillas y reservar para rellenar.

En una sartén o cazuela ponemos el aceite y freímos los ajos que tendremos cortados muy pequeños (ojo que no se quemen!!!).

A continuación pondremos la carne y freiremos. Cuando este frita pondremos las longanizas cortadas en trocitos y cuando las tengamos fritas pondremos el arroz, lo freiremos con todo y cuando esté pondremos la sal, el color, el tomate, la nuez moscada y el agua.

Le daremos unas vueltas para que todo este bien mezclado hasta que se consuma el agua,.

Rellenar los pimientos y tapar con lo que les hemos quitado.

Hornear 45 minutos a 160 grados arriba y abajo.

Pastel de arroz

INGREDIENTES

- Arroz 300 gramos
- Atún dos latas
- Un poco de lechuga (sobre un cuarto de lechuga)
- Mayonesa
- dos huevos cocidos
- Paté de oliva
- Un tomate
- Jamón york 8 lonchas

ELABORACIÓN

Yo el arroz lo hago igual que para el arroz a la cubana, lo frio con unos dientes de ajo y añado unas tres hojas de laurel.

Cortamos la lechuga muy pequeña y añadimos el atún, los huevos rallados y mayonesa al gusto.

En un molde rectangular poner papel de tesa para que sea fácil desmoldar.

Poner una capa de arroz y poner la mezcla que tenemos preparada: atún, mayonesa etc.; otra capa de arroz y poner una base de paté; tomate muy fino y el jamón ;otra de arroz.

Tapar con el papel tesa apretando para que se haga una base uniforme.

Dejar enfriar. Para servir, darle la vuelta y cubrir con mayonesa y adornar al gusto!!!!!

Arroz en costra

INGREDIENTES

- Arroz 400 gramos
- Bacon 8 o 10 lonchas
- Seis huevos
- Pasas 150 gramos
- Queso rallado al gusto

Este arroz en costra no tiene nada que ver con el arroz en costra típico de Alicante pero en casa les gusta mucho y se hace en un momento!!!!!

ELABORACIÓN

El arroz lo hago como si fuese para la cubana: lo frio primero y luego lo pongo a cocer con unas hojas de laurel.

Freír un poco el bacon y las pasas.

En un molde para horno forrar el fondo con las tiras de bacon, poner una capa de arroz y poner el sofrito, luego capa de arroz y batir los huevos poner por encima; después poner el queso rallado, hornear 15 minutos arriba y abajo, a 180 grados horno previamente caliente.

Arroz del senyoret

INGREDIENTES

- Sepia 600 gramos
- Gamba pelada una bolsa de 450 gramos
- Un tomate maduro
- Dos dientes de ajo
- Aceite
- sal
- Color
- Ñora molida
- Arroz 600 gramos
- Un litro y medio de caldo de pescado
- Unas clochinas, si se quiere

ELABORACIÓN

Limpiar y cortar la sepia en dados.
Lavar las gambas y poner a escurrir.
Rallar el tomate y los ajos.

Poner aceite en la paella y freír la sepia. Cuando esté, poner el tomate junto con el ajo y sofreír bien. Poner el arroz y freír un poco.

Añadir el caldo y el color al gusto, la ñora, la sal y las gambas y dejar cocer unos 15 minutos.

Poner las clochinas y listo!!!!!

Las clochinas las habremos abierto previamente al vapor;

Fideuà

INGREDIENTES

- Calamares 700 gramos
- Gambas pelada un paquete de 400 gramos
- Un brick de caldo de pescado de litro
- Fideos medianos 400 gramos
- Una cebolla
- Un tomate maduro
- Aceite
- Pimentón dulce
- Color
- Sal y una pastilla de concentrado de pescado

Esta receta esta pensada especialmente para las personas que trabajan, pues se hace en muy poco tiempo y esta igual de buena; también los peques de la casa se la comen muy bien pues al no tener que limpiar nada y ser el fideo fino se lo comen mejor

ELABORACIÓN

Limpiar y cortar todo y rallar el tomate. Freír la cebolla; cuando la tengamos casi frita añadiremos el tomate, freiremos bien y pondremos los calamares. Cuando los tengamos fritos añadiremos el pimentón, le daremos unas vuelta y pondremos el caldo; lo dejaremos hervir durante cinco minutos, pondremos el color, las gambas y los fideos.

Dejaremos cocer durante 10 minutos y listo!!!

Espaguetis a la carbonara

INGREDIENTES

- Espaguetis 500 gramos
  Bacon tiras 300 gramos
  Queso rallado parmesano
  150 gramos
- Seis yemas de huevo
- Sal
- Pimienta negra molida
- Una pizca
- Aceite dos cucharadas
  soperas

ELABORACIÓN

Poner un puchero con agua y una poca de sal al fuego y cuando comience a hervir poner los espaguetis sin partir y cocer al dente. En una sartén grande pondremos las dos cucharadas de aceite y freiremos el bacon bien frito sin que se queme.

En un bol pondremos las yemas y el queso y mezclamos bien, pondremos un poco de pimienta.

Cuando lo tengamos ponemos un poco de caldo de la cocción de los espaguetis y mezclamos bien, guardar un poco de caldo y escurrir los espaguetis.
Ponerlos en la sartén junto con el bacon y añadir las yemas y el queso mover rápido y apagar el fuego, si hiciera falta añadir un poco del caldo reservado de la cocción.

Macarrones con bacon y chorizo

INGREDIENTES

- Macarrones 250 gramos
- Una cebolla grande
- Tres chorizos
- Bacon tiras 150 gramos
- Queso rallado
- Tres huevos
- Una tacita de tomate frito
- Orégano
- Sal
- Aceite

ELABORACIÓN

Cocer los macarrones con el orégano, sal, y un poco de aceite para que no se peguen.

Poner a escurrir y reservar.

En una sartén pondremos un poco de aceite y pondremos a freír la cebolla, que tendremos cortada muy pequeña. Cuando este casi frita, añadiremos el chorizo y el bacon (que también lo tendremos cortado) y freiremos junto con la cebolla.

Cuando esté, poner el tomate frito, poner los macarrones en una fuente para horno y añadir el sofrito.

Mezclar todo bien, batir los huevos y ponerlos por encima; ponerles queso rallado y hornear 15 minutes arriba y abajo 180 grados, tener el horno previamente calentado.

Arroz a la cubana

INGREDIENTES

- Arroz 400 gramos
- Ajos 4 dientes
- Aceite un chorrito (sobre media tazita)
- Sal
- Laurel 3 hojas
- Huevos 4
- Jamón serrano 4 lonchas
- Plátanos 4
- Tomate frito al gusto

ELABORACIÓN

En una cazuela para rustir poner el aceite y freír los ajos. Cuando estén fritos poner el arroz y freírlo, cuando este poner el agua; si hemos puesto 4 medidas de arroz 7 de agua (un poco menos del doble).

Ponerle la sal y las hojas de laurel, dejar cocer destapado durante 4 minutos, a fuego medio, bajar el fuego tapar y cocer durante 10 minutos, apagadlo y dejar reposar unos 10 minutos,

Freír los huevos, el jamón y los plátanos, por este orden así nos sirve la misma sartén. Emplatar poniendo el jamón, el arroz, el tomate y el huevo el plátano lo pondremos a un lado, según foto.

Arroz con tortilla y bacon

INGREDIENTES

- Arroz 600 gramos
- Bacon 250 gramos
- Huevos 6
- Pasas 100 gramos
- Cuatro dientes de ajos
- Tres hojas de laurel
- Aceite
- Sal

ELABORACIÓN

En una cazuela tipo rustidora, pondremos aceite y freiremos los ajos.

Cuando estén fritos poner el arroz y freírlo también.

Cuando esté, poner el agua (un poco menos del doble que de arroz), las hojas de laurel y la sal.

Cocer destapado cuatro minutos y tapado ocho.

Dejar reposar uno minutos.

En una sartén pondremos aceite y haremos una tortilla con los huevos; quitar la tortilla y poner un poco de aceite. Freír un poco el bacon, y cuando casi esté, poner las pasas y darles unas vueltas.

Cortar la tortilla muy pequeña y mezclar todo con el arroz !!!!

Pasta de colores con verdura y pollo

INGREDIENTES

- Pasta 250
- Un pimiento rojo 200 g
- Un pimiento verde 200
- Un manojo de espárragos
- Pechuga de pollo 500 g en filetes
- Sal
- Aceite
- Una pastilla de caldo

ELABORACIÓN

Lavar y cortar la verdura, asar a la plancha y reservar,

En un una sopera poner agua con la pastilla de caldo y cocer la pasta al dente, escurrir y reservar.

Asar la pechuga y cortarla a pedacitos, es el momento de mezclar todos los ingredientes y listo para comer.

Espaguetis con verduras

INGREDIENTES

- Espaguetis 500 gramos
- Dos cebollas grandes
- Champiñon 250 gramos
- Espárragos un manojo o 200 gramos
- Bacon tiras 200 gramos
- Sal
- Aceite 75 mili
- Queso emmental rallado 100 gramos
- Orégano

ELABORACIÓN

Pelar y lavar las cebollas y partirlas en trozos pequeños para freír.

Lavar y cortar los champiñones y los espárragos.

En una sartén poner el aceite y poner a freír a fuego medio la cebolla. Cuando este a medio freír añadir los espárragos y freír un poco; añadir el bacon y los champiñones y terminar de freír, quitar del fuego y poner el queso y mezclar.

En un puchero poner agua abundante y cuando comience a hervir poner los espaguetis, un poco de sal y un chorrito de aceite. Es el momento de poner el orégano si os gusta, cocer al dente y escurrir bien, ahora es el momento de mezclar con el sofrito, mover todo y listo para comer.

En casa les gusta ponerse salsa de soja, pero eso al gusto de cada uno como eso es en el plato.

Fideuà de magret de pato y foie

INGREDIENTES

- Magret 700 gramos
- Foie 150 gramos
- Salteado de setas 400 gramos
- Fideos medianos 500 gramos
- Un tomate
- Dos cebollas
- Tres zanahorias
- Dos pimientos italianos
- Aceite un poco
- Sal
- Pimentón
- Color

ELABORACIÓN

En una olla poner un poco de aceite y sofreír el magret que habremos salado antes. Añadir una cebolla cortada, una zanahoria y freír un poco. Poner agua y cocer durante 40 minutos (el agua será el caldo que gastaremos para cocer los fideos), con dos litros será suficiente.

Pasamos a hacer la paella

Tendremos los ingredientes limpios y cortados y el magret cotado muy pequeño.

Poner la paella al fuego con un poco de aceite y poner a freír los pimientos, las zanahorias, la cebolla, las setas, y el tomate. Poner el pimentón y el magret, añadir el caldo, el foie y dejar hervir unos 5 minutos. Poner el color, comprobar de sal y poner los fideos cocer según dureza.

LEGUMBRES

Lentejas con arroz

INGREDIENTES

- Arroz, 150 gramos
- Lentejas, 300 gramos
- Jamón, 200 gramos en un taco
- Chorizos, dos
- Laurel, tres hojas
- Pimentón dulce una cucharadita
- Ajos cuatro dientes
- Aceite y sal

ELABORACIÓN

Poner las lentejas en la olla con bastante agua pues tenemos que cocer arroz.

En una sartén poner aceite y freír los ajos con el aceite crudo. Cuando los tengamos fritos retirar la sartén del fuego y poner el pimentón sin dejar de mover para que no se nos queme.

Pasarlo a la olla y añadir el jamón, los chorizos y el laurel cocer, según dureza de las lentejas; hay que dejarlas al dente pues luego tenemos que cocer el arroz.

Añadir la sal y el arroz y listas para comer, es un plato muy rico y además completo puesto que las lentejas es una legumbre muy rica en antioxidantes, proteínas y minerales y el arroz es un cereal muy rico en almidón potasio y fósforo !!!

Lentejas con verduras

INGREDIENTES

- Lentejas: dos tarros
- Una cebolla grande
- Tres zanahorias
- Un tomate mediano
- Tres hojas de laurel
- Una pastilla de caldo

ELABORACIÓN

Poner las lentejas en una cazuela, añadir un tarro de agua.

Pelar tanto la cebolla como las zanahorias y el tomate, y partirlo en dados pequeños y añadirlo a las lentejas.

Poner la pastilla de caldo las hojas de laurel y cocer una media hora y listo, la pastilla puede ser de verduras o de pollo, eso al gusto.

Cocido

INGREDIENTES

- Garbanzos
- Verdura
- Patata
- Carne
- Morcilla
- Chorizo
- Tocino
- Pelota
- Gallina
- Y huesos distintos para dar sabor al caldo

El cocido es una receta que todos sabemos hacer por ser una comida de siempre. O deberíamos, porque del cocido se aprovecha todo.

ELABORACIÓN

Poner a cocer.

El truco está en el tiempo de cocción.
Yo lo tengo unas 3 horas en la olla exprés

Fabada

INGREDIENTES

- Fabes o alubias 600 gramos
- Dos chorizos
- Dos morcillas
- Tocino 400 gramos
- Una cebolla
- Pimentón
- Dos cucharadas de aceite
- Sal

ELABORACIÓN

Poner las fabes la noche de antes a remojo con un poco de sal y abundante agua.

En una olla suficiente grande poner las morcillas, los chorizos el tocino, todo cortado junto con las fabes a cocer.

Hacer un sofrito de cebolla y pimentón y añadirlo, dejar cocer a fuego moderado unas dos horas y listo.

Para la fabada es mejor hacerla de un día para otro pues dicen los Asturianos que esta mas buena.

CARNES Y PESCADOS

Manitas de cerdo

INGREDIENTES

- Seis manitas de cerdo
- Dos cebollas
- Dos tomates maduros
- Dos carlotas
- Tres hojas de laurel
- Un vaso de vino blanco
- Pimienta negra al gusto
- Sal
- Agua

ELABORACIÓN

Limpiar y escaldar las manitas.

En una olla exprés pondremos las manitas partidas en dos y añadiremos los demás ingredientes: las cebollas los tomates, las carlotas (todo partido), el laurel, el vino, la pimienta y agua asta cubrir las manitas.

Cocer durante 40 minutos a fuego moderado, sacar las manitas y pasar la salsa por el chino ; y ya están listas para comer.

Si las hacemos en una olla normal la cocción tendría que ser de dos hora pues las manitas son un poco duras.

Brazo de patata relleno de carne

INGREDIENTES

- Ingredientes pata El relleno
- Carne picada 1/2 kilo, yo le pongo cerdo
- Una cebolla
- Tres cucharadas de tomate triturado o frito
- Sal
- Pimienta molida
- Pimentón dulce
- Aceite tres cucharadas

- **Ingredientes para el brazo**
- Tres patatas grandes
- Un poco de aceite
- Sal
- Agua

ELABORACIÓN

Pelar y poner a cocer las patatas con un poco de aceite y sal. Cuando estén cocidas pasar por el chino o pisarlas con un tenedor.

Mientras se cuecen las patatas en una sartén pondremos el aceite con la cebolla cortada muy pequeña y la pondremos a freír. Cuando esté añadiremos la carne que la tendremos adobada ya a punto para freír.

Cuando lo tengamos todo a punto en el banco de la cocina pondremos un papel de aluminio para extender la patata poner la carne y enrollar, ponerle mayonesa y adornar al gusto!!!

Calamares rellenos

INGREDIENTES

- Un kilo de calamares pequeños
- Dos cebollas
- Dos huevos cocidos
- Dos pimientos italianos o verdes
- Dos tomates maduros para freír
- Laurel
- Pimienta en grano
- Las patas de los calamares
- Sal una pizca
- Vino blanco
- Dos cucharas de tomate frito

ELABORACIÓN

Cortaremos todo muy pequeño para freír y freiremos por orden de dureza: los pimientos, la cebolla, los tomates y por ultimo las patas de los calamares.

Una vez quitado del fuego añadir los huevos también cortados muy pequeños, y pasamos a llenar los calamares que los tendremos limpios. Yo los lleno con una cuchara pequeña. Cerrarlos con un palillo, pasarlos a una cazuela y ponerle la pimienta, el tomate frito, una copa de vino y las hojas de laurel; salar al gusto.

Tenerlos 20 minutos a fuego lento para que no se rompan !!!

Merluza rellena

INGREDIENTES

- Una merluza de un kilo y medio
- Una bolsa de gambas peladas de 450 gramo
- Tres cebollas medianas
- Media docena de huevos
- Aceite
- Sal
- Perejil
- Mayonesa

ELABORACIÓN

Limpiar la merluza bien de escamas y quitar la espina central (de eso se encargan en la pescadería).

Hacer una tortilla de cebolla, con tres huevos y otra de gambas, a ésta le pondremos un poco de perejil.

Lavar y secar bien la merluza y en una bandeja para el horno colocarla la merluza y cortamos las tortillas y la rellenamos. Si hiciese falta sellar con palillos la sellamos para que no se salga; cubrirla bien con mayonesa y poner unas gambas de adorno por encima que nos habremos dejado de la bolsa.

La pondremos al horno a 160 grados 15 minutos, el horno lo tendremos previamente caliente

Coliflor al horno con bacon

INGREDIENTES

- Una coliflor de un kilo y cuarto
- Una cebolla grande
- Bacon 250 gramos
- Aceite unas 4 cucharadas
- Harina dos cucharadas soperas
- Leche medio litro
- Queso rallado
- Sal
- Pimienta blanca molida
- Nuez moscada

ELABORACIÓN

Cortar, lavar y cocer la coliflor con sal durante 15 minutos. Escurrir y reservar.

En una sartén poner el aceite y freír la cebolla que tendremos cortada muy pequeña. Cuando esté, poner el bacon y darle unas vueltas; poner la harina y freírla un minuto o dos (que no se queme!).

A continuación poner la leche poco a poco sin dejar de mover, para que no se formen grumos; poner la sal, la pimienta, y la nuez moscada. Terminar de hacer la bechamel.

En una fuente para horno poner la coliflor, extender y poner la bechamel por encima. Poner el queso y hornear durante 15 minutos a 180 grados arriba y abajo, horno previamente caliente, en la bandeja de abajo,.

Lasaña con jamón, queso y berenjena

INGREDIENTES

- Tres berenjenas
- Jamón york 12 lonchas tipo Sandwich
- Queso 12 lonchas
- Pasta de lasaña 8 laminas
- Huevos 6
- Aceite de girasol
- Harina
- Queso rallado
- Sal

ELABORACIÓN

Lavar y cortar las berenjenas finas para freír; poner en agua abundante con sal durante 15 minutos (no hace falta pelarlas si no se quiere pues la piel no se nota).

Pasado ese tiempo escurrir bien.

En una sartén pondremos el aceite, y cuando este caliente pasaremos a freír las berenjenas que previamente habremos pasado por harina. Ponerlas en una fuente con papel de cocina para que absorban el exceso de aceite.

En una fuente para horno pondremos, una capa de berenjena, una de jamón una de queso y una de pasta, repetimos, berenjena, jamón, queso y pasta terminando con berenjena.

Batir los huevos y poner por encima, ponerles el queso rallado y hornear: poner la bandeja en la parte baja del horno a 180 grados arriba y abajo durante 20 minutos, tener el horno previamente calentado.

Mousaka de berenjena

INGREDIENTES

- Carne picada de cerdo 800 gramos
- Tres berenjenas grandes
- Dos tomates maduros
- Dos cebollas
- Aceite
- Nuez moscada
- Sal
- Orégano
- Seis huevos
- Queso rallado

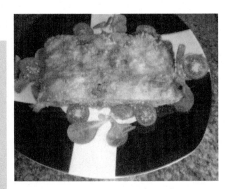

ELABORACIÓN

Cortar las berenjenas en lonchas finas y poner en agua con sal una media hora. Escurrir bien.

Freír las berenjenas y reservar.

En una sartén pondremos a sofreír la cebolla y cuando este a mitad, añadiremos el tomate. Cuando esté, poner la carne y la freiremos, y cuando este casi frita añadir la sal, el orégano y la nuez moscada.

En una fuente para horno pondremos: una capa de berenjena, una de carne, y repetir, berenjena, carne, terminando con berenjena y por ultimo poner por encima los huevos que tendremos batidos y el queso rallado. Hornear 10 minutos, 180 grado arriba y abajo, con el horno previamente caliente.

Yo le pongo solo carne de cerdo porque en casa les gusta mas el sabor, pero con cerdo y ternera también esta muy buena .

Libritos de lomo

INGREDIENTES

- Lomo
- Jamón serrano
- Queso en lonchas
- Huevo
- Pan rallado
- Sal y pimienta
- Aceite

ELABORACIÓN

Cortar el lomo en forma de libro (eso nos lo hace el carnicero y si no comprar escalopines de lomo que lo tenemos en bandejas).

Poner dos cortadas de lomo, una loncha de jamón (la de jamón que sea grande para que podamos poner el queso en medio de la loncha), una de queso y cerrar con un palillo.

Poner en huevo que tendremos batido con una poca de sal y pimienta molida. Dejar una hora en el huevo.

Poner una sartén con aceite y cuando este caliente, coger los libritos y pasarlos por el pan rayado y freír.

Solomillo a la pimienta con champiñones

INGREDIENTES

- Solomillo de cerdo 700 gramos
- Champiñones 500 gramos
- Un vaso de vino blanco
- Tres quesitos o tres lonchas
- Pimienta molida
- Una cuchara de maizena
- Sal
- Aceite

ELABORACIÓN

Cortar el solomillo el lonchas al gusto y salpimentar; limpiar y cortar el champiñón en laminas.

En una cazuela poner un poco de aceite y sellar el solomillo. Reservar. Dar unas vueltas al champiñón, quitarlo, poner el solomillo y luego el champiñón por encima y los quesos.

Diluir la maizena con vino, añadir y dejar cocer durante 15 minutos.

Bacalao con alcachofas y huevos duros

INGREDIENTES

- Bacalao 800 gramos fresco
- Alcachofas un kilo
- Huevos 6 duros
- Una cebolla grande
- Un bote de tomate triturado de 1/2 kilo
- Aceite
- Harina
- Un vaso de vino blanco adicional

En mi pueblo es muy típico de semana Santa pero se hace con bacalao seco, pero en casa les gusta mas el fresco, esta muy jugoso y entre otras cosas por que no tiene espinas!!!!!!!

ELABORACIÓN

Limpiar y partir las alcachofas en cuatro trozos y cocerlas.

Cocer los huevos y partirlos por la mitad.

El bacalao lo tendremos limpio.

Una vez lo tengamos todo a punto pasaremos por harina y huevo y lo freiremos por partes. Colocarlo en una cazuela: primero las alcachofas, el bacalao y por ultimo los huevos.

En una sartén freiremos la cebolla cortada muy pequeña y cuando casi esté añadiremos el tomate, freír bien y cuando esté ponerlo en la cazuela, añadir el vino y dejar cocer unos 8 o 10 minutos listo!!!!

Solomillo de pavo al curry

INGREDIENTES

- Un solomillo de pavo
- Una manzana
- Una naranja
- Dos quesitos en porciones
- Curry una cucharadita de desayuno
- Aceite un poco
- Sal

ELABORACIÓN

Limpiar y cortar a tacos no muy grades el solomillo; pelar y cortar a cuadros la manzana.

En una cazuela poner un poco de aceite y cuando este caliente poner el solomillo sellar y poner la manzana, darle unas vueltas y poner el zumo de la naranja y los quesitos.
Después poner el curry y cocer unos 5 minutos; comprobar de sal y dejar 3 minutos mas.

Yo lo acompaño con arroz blanco como el que hago para el arroz a la cubana.

Croquetas de pollo

INGREDIENTES

Una pechuga de pollo o gallina grande

una cebolla

Dos cucharadas de harina

Huevos

Caldo o leche 1/4 litro

Sal

ELABORACIÓN

Yo casi siempre aprovecho el día que hago cocido para gastar el pollo o la gallina, y ya la tengo cocida.

Cortar la cebolla muy pequeña y freír a fuego lento para que no se queme; cuando esté, poner la pechuga que tendremos limpia y cortada. Freírla. Cuando esté frita, poner la harina y freír bien pero que no se queme, añadir la leche y dos huevos y mover muy deprisa para que se mezclen bien. Poner la sal y freír durante 5 minutos, dejar enfriar

Hacer las croquetas y pasar por huevo. Freír en aceite caliente,

La forma de hacerlas son un poco especiales, tanto lo de poner el huevo dentro de la masa, como no pasarlas por pan rallado , es la forma en que mi madre las hacia y a mis hijos les encantaba y yo sigo la tradición, por eso no salen tan bonitas!!!!!!!

VERDURAS

Torta de tomate

INGREDIENTES

Para la masa:
- Un vaso de aceite
- Un vaso de agua
- Un sobre de levadura royal
- Una pizca de sal
- Un chorro de vinagre aprox,
- media taza de café,
- Medio kilo de harina,

Para el relleno:
- Un tarro de tomate frito
- 3 Latas de atún
- 3 Huevos cocidos
- Pimiento piquillo al gusto
- piñones

La receta de hoy es una torta de tomate muy rica y muy barata de preparar.

ELABORACIÓN

Cortar todo (atún, tomate, huevos, pimientos y piñones) muy pequeño y mezclarlo bien.

Cortar la masa en dos y extenderlas con el rodillo (o con la mano, aquí cada uno...).

Una vez extendida la parte de bajo poner la mezcla y extender la otra masa por encima.

Yo la pongo sobre papel de aluminio que se trabaja muy bien. Tapar y hornear a 180 grados 45 minutos arriba y abajo.

Berenjena rellena de bacon y atún

INGREDIENTES

- Berenjenas 4
- Atún 3 latas
- Bacon tiras 200 gramos
- Cebollas 2
- Huevos 3
- Queso rallado al gusto
- Sal
- Aceite
- Nuez moscada
- Tomate frito un poco

ELABORACIÓN

Limpiar y lavar las berenjenas, sacarles la pulpa y ponerles un poco de sal y reservar.

En una sartén poner un poco de aceite y freír a fuego lento la cebolla; cuando casi esté, pondremos la pulpa de la berenjena cortada muy pequeña; añadir el bacon y darle unas vueltas, añadir el atún, el tomate, la nuez moscada y la sal. Mezclar todo bien

Es el momento de rellenar las berenjenas! Enjuagar para quitar la sal, poner el sofrito en las berenjenas; y cuando las tengamos, batir los huevos y poner por encima, y a continuación el queso rallado y al horno, previamente calentado, 160°- parrilla baja- arriba y abajo 15 minutos!!!!

Crema de calabacín

INGREDIENTES

- Dos calabacines
- Una cebolla
- Una patata
- Tres zanahorias
- Aceite; un poco
- Dos quesitos
- Una pastilla de caldo de verduras
- Agua
- Tres rebanadas de pan para los picatostes

ELABORACIÓN

Pelar y lavar las verduras y cortar.

Poner un puchero al fuego con un poco de aceite y por orden poner: la cebolla, la zanahoria, la patata y el calabacín. Darles unas vueltas, y después poner el agua y la pastilla de caldo.

Cocer durante 30 minutos; añadir los quesitos y pasar por el turmix!!!!!

Es el momento de hacer los picatostes pues tienen que estar calientes;

Revuelto de espárragos, setas y champiñones

INGREDIENTES

- Espárragos: dos manojos (unos 400 gramos)
- Setas: 250 gramos
- Champiñones: 250 gramos
- Huevos: 6 unidades
- Aceite :75 mililitros
- Sal

ELABORACIÓN

Lavar y cortar los espárragos, las setas y los champiñones y freírlos.

Poner primero los espárragos, y cuando estén a mitad de freír añadir las setas, darles unas vueltas y añadir los champiñones, pues estos se hacen mas rápidos que el resto de de verduras.

Ponerles un poco de sal y añadir los huevos sin batir. Mezclar todo y cuajar al gusto.

Es un plato muy barato, pues estamos en el tiempo de los espárragos y los tenemos frescos y muy económicos y las setas y los champiñones suelen estar siempre bien de precio.

Pastel de calabacín

INGREDIENTES

- Calabacín 700 gramos
- Cebolla400 gramo
- Una bolsa de queso rallado
- Cuatro huevos
- Sal
- Aciete
- Nuez moscada
- Dos cucharadas de mazena
- Una bolsa de salchichas

ELABORACIÓN

Lavar y cortar el calabacín, pelar, lavar la cebolla y cortarla,

freír la cebolla y el calabacín a fuego medio con una poca e sal reservar

en un bol batir los huevos añadir la maicena y deshacer bien, poner el queso reservar

un poco para poner por encima, poner la nuez moscada un poco de sal y las salchicha cortadas muy pequeñas

mezclar todo y ponerlo en una bandeja y poner el queso rallado por encima

horno 170 gar 20 según hornos

Se puede comer frio o caliente a gusto.

03

MIS INVENTOS

Ideas que se me ocurren

Croquetas de calabacín y zanahoria

INGREDIENTES

- Unos 350 gramos de calabacín
- Zanahorias: 200 gramos
- Pan rallado: 50 gramos
- Dos huevos para hacer la masa
- Queso mozzarella rallado: 150 gramos
- Perejil seco: una cucharadita
- Pimienta molida blanca (poca)
- Sal
- Pan rallado para rebozar

Hoy vamos a ver cómo preparar las croquetas de calabacín y zanahoria. Un invento mío que está muy rico.

ELABORACIÓN

Cortar las costillas, la panceta y las longanizas en trozos pequeños; las patatas y el tomate en rodajas.

Freímos las costillas, la panceta y las longanizas y reservamos; al tomate le damos vuelta y vuelta y reservamos; lo mismo con las morcillas y las patatas y por ultimo freiremos el arroz.

Lo pondremos todo en una cazuela de barro para el horno, lo ultimo que pondremos sera las patatas el tomate las morcillas y la cabeza de ajos que la pondremos en el centro según foto!!

Horno 180 grados 45 minutos arriba y abajo con la bandeja en la parte de abajo del horno

Tortilla pegada en pan

INGREDIENTES

- Dos huevos
- Un pan de bocadillo
- Jamón o bacon
- Aceite y sal

Esta receta esta pensada para los peques de la casa, tanto para comérsela como para que colaboren en la cocina (con los papas) es una forma de que empiecen a sentirse importantes y aprender a hacer cositas en casa

ELABORACIÓN

Batir los huevos en una fuente para poder untar el pan.

Partir el pan en dos y mojarlo en el huevo.

Ponerlo en la sartén hasta cuajarlo.

Hacer lo mismo con la otra mitad.

Dar una vuelta al jamón o el bacon y poner sobre el pan

Ves peque que fácil ? pues ahora a comerse el bocata que esta buenísimo, luego me cuentas si te ha gustado!!!

Tortilla de patatas con patata rallada

INGREDIENTES

- Un kilo de patatas
- Seis huevos
- Aceite
- Sal

La receta de tortilla de patata de hoy es muy similar a la tortilla de patata normal, solo que en este caso, en lugar de cortar la patata, la vamos a rallar.

ELABORACIÓN

Pelar y lavar las patatas.

Rallarlas con la parte mas grande del rallador.

Poner la sartén al fuego cuando este el aceite caliente; poner las patatas y freír bien.

Ponerles sal cuando estén casi fritas.

En un bol batiremos los huevos con una poca de sal y pondremos las patatas ya fritas escurriéndoles el aceite.

Con la sartén caliente y unas gotas de aceite pasaremos a hacer la tortilla, al ser la patata rallada la consistencia es diferente y tiene un comer muy exquisito!!!!!

Tortilla de patatas con cebolla caramelizada y queso

INGREDIENTES

- Un kilo de patatas
- Tres cebollas medianas
- Ocho huevos
- Dos cucharadas soperas de azúcar
- Queso emental 6 lonchas
- Aceite
- Sal

ELABORACIÓN

Pelar, lavar y cortar las patatas para hacer la tortilla, freírlas.

Pelar las cebollas y cortarlas en aros muy finos, ponerlas a freír y cuando estén a medio freír añadirles el azúcar, no dejar de mover para que no se queme el azúcar.

Batir los huevos y añadir las patatas y mezclar todo en una sartén: poner la mitad de la mezcla, las lonchas de queso y la cebolla caramelizada y poner el resto de la mezcla, hacer la tortilla.

Tortilla de patatas y cebolla con morcilla

INGREDIENTES

- Patatas 400 gramos
- Cebollas 150 gramos
- Cuatro huevos
- Dos morcillas
- Aceite para freír las patatas Sal

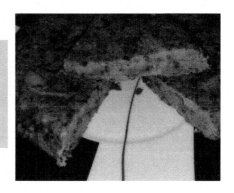

ELABORACIÓN

Pelar y cortar las patatas para hacer la tortilla. Pelar y cortar la cebolla y poner a freír a fuego moderado. Yo pongo las patatas un poco antes, pero eso al gusto de cada uno.

Cuando estén fritas para hacer la tortilla, quitar la piel a las morcillas y darle una vuelta en la sartén para que esté suelta. Después batir los huevos con una poca de sal, mezclar todo y hacer la tortilla...y lista para comer !!!!!

Brazo de tortilla de jamón york y queso

INGREDIENTES

- Huevos 6
- Jamón york 6 lonchas
- Queso lonchas 6 lonchas
- Sal
- Aceite

ELABORACIÓN

Batir los huevos y preparar el jamón y el queso.

Cuando lo tengamos todo preparado poner una sartén al fuego con un poco de aceite y pondremos huevo lo justo para cubrir la sartén; dos lonchas de jamón y dos de queso.

Enrollar la tortilla un poco y en la parte que se queda sin huevo añadir huevo; dos lonchas de jamón y dos de queso y volvemos a enrollar; poner huevo, jamón y queso repetimos huevo, hasta terminar con el jamón, el queso y el huevo formando un brazo.

Deja reposar dos minutos y listo para cortar !!!!!

Ojo con el fuego pues si lo tenemos muy fuerte se nos quemara el huevo mientras enrollamos, tenerlo bajo o medio para que de tiempo

Tortilla de pan duro rellena de jamón, queso, sobrasada y cebolla

INGREDIENTES

- Pan de uno o dos días 150 gr
- Huevos gordos 6
- Jamón york 8 lonchas
- Queso 4 lonchas
- Una cebolla mediana
- Sobrasada 50 gramos
- Aceite un poco

Yo para extender bien la sobrasada pongo un papel del horno sobre el banco de la cocina y coloco las lonchas del queso sobre el papel y la sobrasada encima del queso, luego dejo deslizar encima de la tortilla !!!!!!!

ELABORACIÓN

Cortar el pan en rodajas muy finas, ponerlo en un bol.

Batir los huevos y ponerlos al pan; dejar que empape bien todo el huevo.

Pelar y cortar la cebolla en aros finos, freírla a fuego lento para que no se queme .

Es el momento de poner una sartén con un poco de aceite para hacer la tortilla: poner la mitad de la mezcla del pan, una capa de jamón, una de queso, una de sobrasada, una de cebolla y por ultimo una de jamón. Poner la otra mitad del pan.

Dejar cuajar a fuego medio y dale la vuelta y lista para comer!!!!!

Tortitas de patata con queso

INGREDIENTES

- Tres patatas medianas
- Un huevo
- Queso rallado para fundir
- 50 gramos Jamón york en lonchas
- 50 gramos Perejil
- Un poco Sal
- Aceite un poco

ELABORACIÓN

Pelar y lavar las patatas, rallarlas ponerlas en un bol, poner el huevo, el queso, el jamón cortado muy pequeño el perejil, una pizca de sal, mezclar todo y las tenemos lista para hacer.

Poner una sartén al fuego, que no se pegue con unas gotas de aceite y cuando este un poco caliente pondremos la masa con una cuchara y la aplastamos un poco con un tenedor, la gracia es que quede desiguales, dorar y dar la vuelta, ojo se hacen muy rápido.

En casa como aperitivo les encantan están muy buenas es barato y se hacen en un momento.

Torta de queso de cabra y mermelada de tomate

INGREDIENTES

Ingredientes para la masa
- Medio kilo de harina
- Un vaso de agua
- Un vaso de aceite
- Un chorro de
- Un sobre de levadura
- Una pizca de sal

Ingredientes para el relleno
- Dos cebollas
- Una barra de queso de cabra
- Mermelada de tomate
- Pasas sultanas (las pequeñas)
- Jamón york 10 lonchas (unos 200 gramos)

ELABORACIÓN

Preparar la masa y dejar reposar.

Mientras pelar y cortar la cebolla y freír a fuego lento para que no se queme.

Partir la masa en dos y extender una parte sobre la bandeja del horno que la tendremos preparada con papel de aluminio; poner la cebolla sobre la masa, el queso cortado a rodajas y poner una cucharada de mermelada encima de cada pedazo de queso, pasas por todo y terminar cubriendo con el jamón york y por último pondremos la otra mitad de la masa.

Poner la bandeja en la segunda parrilla a 170 grados arriba y abajo durante 40 minutos, horno previamente caliente!!!!!!

Yo cuando lleva 5 minutos en el horno la saco para hacerle cuadritos, así se sella; si no hay que pincharla para que no se bufe la masa, en la foto se ven les cuadritos.

Huevos de codorniz con patatas y jamón

INGREDIENTES

- Tres patatas
- Dos cebollas tiernas
- Tres pimientos italianos
- Jamón serrano 200 gramos
- Huevos de codorniz 18
- Aceite
- Sal

Este plato esta pensado especialmente para la gente joven o muy ocupada que siempre va con falta de tiempo, por ser un plato muy fácil y rápido de elaborar.

ELABORACIÓN

Pelar y lavar las patatas, las cebollas y los pimientos, cortar todo en rodajas muy finas.

Poner en una bandeja apta para microondas: primera capa patatas después cebollas y por ultimo los pimientos y poner una poca sal y rociarlo con un poco de aceite de oliva.

Taparlo con papel film, pincharlo con un tenedor para que transpire y ponerlo en el microondas durante 11 minutos; potencia 800 watios.

Sacarlo y poner el jamón por encima y los huevos de codorniz todo bien repartido y una pizca de sal a los huevos; un chorrito de aceite por encima y poner al microondas 2 minutos y listo para comer.

Tortilla paisana

INGREDIENTES

- Patatas: 5 medianas
- Huevos: ocho
- Cebollas: una
- Pimientos italianos: dos
- Pimientos de piquillo: cuatro
- Chorizo tipo revilla en taquitos: 100 gr
- Jamo serrano en taquitos: 100 gr
- Setas frescas: 100 gr

La tortilla paisana normalmente lleva guisantes y no lleva setas pero yo la hago así por que en casa les gusta mas, es una tortilla que se hace de muchas maneras pero esta es la mía !!!!!!

ELABORACIÓN

Pelar y lavar las patatas y la cebolla y partirla para freír como para hacer la tortilla.

En otra sartén pondremos a freír (teniendo todo limpio y cortado en trozos pequeños), por orden, los pimientos verdes, los pimientos de piquillo, el chorizo y el jamón y por ultimo las setas.

En un bol tendremos batidos los huevos y mezclaremos todos los ingredientes; cuajar la tortilla y listo.

Tortilla de patatas y pan sin huevo

INGREDIENTES

- Patatas un kilo
- Pan duro de dos o tres días 150 gramos
- Aceite pata hacer una tortilla
- Sal
- Ajos tres dientes

Esta tortilla ahora no la solemos hacer pues siempre decimos: » teniendo patatas y huevos todo solucionado», pero antes hace algunos años (no tantos), en muchas casas escaseaban hasta los huevos!!!!!

ELABORACIÓN

Pelar, lavar y cortar las patatas para hacer la tortilla.

Poner el pan a remojo con agua.

Poner la sartén al fuego con el aceite y comenzar a freír los ajos cortados a laminas. Ojo que no se quemen!!; añadir las patatas.

Cuando estén a mitad de freír, añadiremos el pan que tendremos remojado y escurrido y lo pondremos junto con las patatas y los ajos. Ponerle la sal y terminar de freír.

Escurrir bien el exceso de aceite y es el momento de dar forma a la tortilla, yo la paso a una sartén mas pequeña para que se quede mas compacta.

Esperar unos minutos antes de cortarla pues al no llevar huevo se puede romper!!!!!!

Rollitos de pechuga con jamón, queso y dátil

INGREDIENTES

- Pechuga de pollo; filete fino
- Jamón york
- Queso en lonchas
- Bacon lonchas
- Dátiles sin hueso
- Huevos
- Sal
- Pimienta molida
- Aceite
- Perejil

ELABORACIÓN

Poner una loncha de bacon sobre una madera de cocina y sobre ella poner una cortada de pechuga, una de jamón, una de queso y dos dátiles; enrollar todo y poner un palillo.

Así todos los que queramos hacer...

Ponerlos en el huevo que tendremos batido con un poco de sal, pimienta y perejil.

Dejar una hora por lo menos macerando.

Poner una sartén con aceite y cuando este caliente freír hasta que estén dorados,

Listos para comer, se pueden acompañar con lo que mas os guste.

Brazo de patata relleno de jamón york y queso

INGREDIENTES

- Un kilo de patatas
- Jamón york 250 gramos
- Queso mozzarella 200gramos
- Un huevo
- Sal
- Queso rallado
- Mantequilla

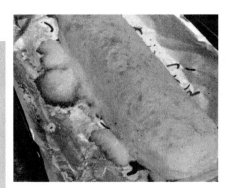

ELABORACIÓN

Cocer las patatas con un poco de sal pasarlas por el chino, sobre en banco de la cocina poner una hoja de hornear es tendida y hacer una base rectangular sobre la hoja, una vez hecha colocar una capa de jamón y una de queso y otra de jamón y otra de queso hasta casi tener la base llena y entonces empezar a hacer el rollo con cuidado para que no se rompa.

Una vez hecho poner en una bandeja del horno una hoja de papel vegetal untada con un poco de mantequilla, para que no se pegue y poner el brazo, pintarlo con el huevo que tendremos batido y ponerle queso rallado por encima, hornear 15 minutos 180 grados arriba y abajo.

Rollo de bacon relleno

INGREDIENTES

- Kilo y medio de patatas
- Bacon lonchas 500 gramos
- Un calabacín de unos 200 gramos
- Queso rallado tipo emmental 200 gramos
- Dátiles 100 gramos
- Pate de oca 100 gramos
- Sal
- Un poco de aceite

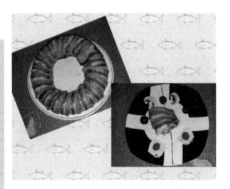

ELABORACIÓN

Pelar, lavar y cortar en dos las patatas y ponerlas a cocer con un poco de sal y aceite. Cuando estén cocidas pasarlas por el chino o aplastarlas con un tenedor.

Lavar y cortar el calabacín muy fino y asarlo en el microondas 4 minutos con un poco de sal y aceite.

En un molde tipo rollo forrarlo totalmente con el bacon dejando que cuelgue lo que sobra de bacon; poner una capa de patata, el calabacín, los dátiles cortados muy pequeños, el paté y por último el queso rallado.

Terminar con una capa de patatas, cerrar el bacon y poner al horno, parrilla baja 150 grados, 10 minutos horno previamente caliente, dejar reposar y listo para comer, es un plato que se puede comer igual caliente como frío

Tortilla de patata y zanahoria rellena de jamón york y queso

INGREDIENTES

- Patatas 400 gramos
- Zanahoria 300 gramos
- Huevos 6 unidades
- Queso lonchas 6
- Jamón york 12
- Sal
- Aceite

ELABORACIÓN

Pelar y lavar las patatas y las zanahorias, rallarlas y ponerlas en un bol, añadirlos huevos y la sal, mezclar bien, en una sartén poner un poco de aceite y poner la mitad de la mezcla, colocar una capa de jamón una de queso y otra de jamón y por ultimo la otra mitad de la mezcla cuajar y dorar la totilla dar la vuelta y lo mismo por la otra parte, dejar reposar unos minutos y listo para comer.

04 POSTRES

Endulza la vida con estas
sencillas recetas

Tarta de chocolate

INGREDIENTES

- Cuatro huevos
- Harina 150 gramos
- Chocolate en polvo 150 gramos
- Azúcar 150 gramos
- Aceite de girasol 150 mililitros
- Tres papeletas de gaseosa
- Una cucharadita de canela
- Un yogur blanco
- Nueces
- Una tableta de chocolate
- Dos cucharas tamaño desayuno de margarina

Esta tarta es mejor hacerla un día antes de comerla, pues así el chocolate de la cobertura esta mas frío y la tarta esta mas buena

ELABORACIÓN

Separar las claras de las yemas y en un bol batir las claras a punto de nieve, añadir el azúcar y batir; añadir las yemas, batir bien; añadir el yogur, el aceite, las gaseosas, el chocolate, batir con cuidado para que no salpique el chocolate y poner la canela en el harina y añadirla tamizada. Mezclar todo bien y poner las nueces y unos trozo de chocolate (mezclar con una espátula para no romper las nueces ni el chocolate).

Parar a un molde para horno y hornear 40 minutos a 170 grados con el horno previamente caliente.
Dejar enfriar, quitarla del molde.
Poner la tableta de chocolate junto con la margarina al baño maría para fundir.
Cubrir la tarta con el chocolate y dejar enfriar, listas para comer!!!

Tarta de manzana

INGREDIENTES

- Dos kilos de manzanas golden
- Tres huevos
- Dos yogures de limón
- Un vaso de harina la medida del yogur
- Un vaso de azúcar
- Media vaso de aceite de girasol
- Un sobre de levadura
- Mermelada de naranja o al gusto

Esta tarta de manzana no es la habitual que has probado.

ELABORACIÓN

Separamos dos manzanas para la cobertura y el resto las rayamos.

Batir las claras a punto de nieve y añadir las yemas y los demás ingredientes. Batir todo y ponerlo en un molde para horno.

Pelar y cortar las dos manzanas que hemos retirado y poner una fina capa.

Hornear durante unos 45 minuto a 180

Untar con la mermelada y dejar durante cinco minutos con grill para dorar.

Tarta de zanahoria sin gluten

INGREDIENTES

- Cuatro huevos
- Zanahorias 300 gramos
  Azúcar 150 gramos
- Un paquete de galletas sin gluten
- Leche 150 mil.
- Aceite 125 mil, girasol
- Un sobre de levadura
- Pepitas de chocolate

ELABORACIÓN

Poner los huevos junto con el azúcar y batir bien con la batidora, añadir la leche, las galletas aplastadas un poco con la mano y poner el aceite, la levadura y batir de nuevo bien, por ultimo poner la zanahoria que tendremos rallada y mezclar con una espátula, para que la zanahoria no se triture.

En un molde de silicona lo pintaremos con un poco de aceite y pondremos la mezcla, poner las pepitas por encima y ponerlo en el microondas 14 minutos. Dejar enfriar de tres a cuatro horas.

Bizcocho de yogur y naranja

INGREDIENTES

- Cuatro huevos
- Un yogur natural. El mismo vaso del yogur nos servirá de medida
- Cuatro vasos de harina
- Tres vasos de azúcar
- Un vaso y medio de aceite de girasol
- Tres papeletas de gaseosa
- Una naranja grande
- Azúcar y canela molida

ELABORACIÓN

Batir los huevos, añadir el yogur, el azúcar, la harina, el aceite, el zumo de la naranja, las gaseosas y la ralladura de la naranja y batir bien con la batidora.

En un recipiente para horno ponerlo y por encima poner al gusto azúcar y canela,

Horno previamente caliente hornear, 40 minutos a 170 gr a media altura fuego solo bajo.

Bocaillos dulces

INGREDIENTES

- La miga de un pan de medio kilo
- Media docena de huevos
- Ocho cucharadas soperas de azúcar
- La corteza de un limón
- Cuatro ramas de canela
- Medio litro de aceite de girasol y una pizca de sal,

ELABORACIÓN

Estos bocadillos son típicos de mi pueblo (Campillo) se hacen para la semana Santa. Mi madre los hacia espectaculares yo nunca los he podido hacer como los suyos de buenos !!!

Moler bien la miga del pan (que será de tres o cuatro días) y mezclar con los huevos y la pizca de sal.

Ojo con la sal!! pues son dulces

Cuando tengamos el aceite caliente freír haciendo unas bolitas con una cuchara de las del desayuno.

Cuando las tengamos fritas poner en una cazuela o puchero para cocer. Les pondremos agua, el azúcar, la corteza del limón y la canela en rama.

Cocer hasta que estén jugosas y el caldo concentrado, dejar enfriar y poner en la nevera pues se comen frías.

Si se conservan en la nevera duran varios días !!!

Tarta de moka

INGREDIENTES

- Dos paquetes de galletas cuadradas
- Una tarrina de margarina de 500 g
- Una taza de café fuerte
- Tres cucharas soperas de azúcar
- Un vaso de café
- Dos cucharas de azúcar

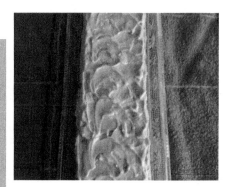

ELABORACIÓN

Mezclar con una batidora la margarina junto con la taza de café y las tres cucharadas de azúcar y reservar.

En un recipiente tendremos preparado el vaso de café ya azucarado donde iremos mojando una a una las galletas muy rápido para que no se rompan y las iremos poniendo en una bandeja, formando una capa, pondremos una capa de galletas y una de moka; repetiremos la operación hasta terminar acabando cubriendo toda con moka:

Esta tarta se hace de un día para otro, pues esta mucho mas buena porque se empapa. También tiene una ventaja: que no se estropea, pues no tiene nada para que se haga mala solo con tenerla en ten la nevera es suficiente!!!!!

La forma de hacerla es indiferente yo personalmente la hago tipo brazo por que me gusta mas!!!!!!

DE LA MANCHA

De la zona donde nací

Ajo arriero

INGREDIENTES

- Dos kilos de patatas
- Un litro de aceite de oliva
- La miga de un pan de kilo
- Un bacalao seco (sobre un kilo)
- Ajos secos

ELABORACIÓN

Pelar y cocer las patatas enteras junto con el bacalao desalado.

En un mortero grande especial para el ajo arriero picar los ajos secos (unos 14 dientes aproximadamente) bien picados, picar las patatas y continuación añadir la miga del pan poco a poco para mezclar.

Después añadiremos a chorritos el aceite y un poco de caldo de la cocción del bacalao y las patatas; así hasta conseguir una consistencia compacta.

En casa ponemos en la mesa unos platos con huevos duros troceados, unas nueces y bacalao. Así cada uno se pone a su gusto.

ESPERO QUE OS GUSTE

Garbancá

INGREDIENTES

- Garbanzos 500 gramos secos
- Espinacas frescas 300 gramos
- Bacalao 300 gramos
- Huevos 3
- Dos patatas medianas
- Dos rebanadas de pan
- Dos dientes de ajos
- Una cebolla
- Una hoja de laurel
- Pimentón dulce
- Aceite de oliva, unas 4 cucharadas

Esta receta en muchos sitios seria un potaje, pero en mi pueblo Campillo es garbanza, típica de semana Santa. Yo aprendí a hacerla como la hacia mi Madre y así la hago, es muy fácil y está muy buena.

ELABORACIÓN

Tendremos los garbanzos en remojo la noche de antes y el bacalao desalado. Cocemos los garbanzos y cuando estén cocidos en una sartén pondremos aceite y freiremos los ajos las rebanadas del pan y reservaremos.

Pasaremos a sofreír la cebolla. Cuando la tengamos casi frita ponemos las espinacas, ya limpias y cortadas. A continuación las patatas cortada muy pequeñas.

Por último le daremos una vuelta al pimentón y lo pondremos todo en la olla junto con el bacalao (que lo habremos desmigado) y la hoja de laurel. Lo dejaremos cocer todo durante 15 minutos y es el momento de añadir el majado.

En un mortero picaremos los ajos y el pan que teníamos frito junto con una yema de huevo (que la teníamos cocida), y una vez picado añadir al guiso y cocer 5 minutos. Por último comprobar de sal añadir los huevos cortado muy pequeño y apagar el fuego!!!!

Potaje de alubias pintas con rellenos

INGREDIENTES

- Alubias 500 gramos
- Dos patatas medianas
- Dos huesos de espinazo de cerdo
- Un trozo de unos 200 gramos de tocino de papada
- Tres morcillas de cebolla
- Una cebolla
- Una cucharada de desayuno de pimentón dulce
- Sal
- Aceite
- Dos huevos
- La miga de pan o pan rallado

Este potaje es típico de Castilla la Mancha, bueno, este concretamente de Campillo;

ELABORACIÓN

Poner las alubias por la noche en remojo. Cuando vayamos a cocinar, enjuagar y poner en una olla expreso junto con los huesos y el tocino, cubrir de agua y cocer durante 30 minutos. Abrir la olla.

Para hacer los «rellenos»: En un plato batir los huevos con una pizca de sal y añadir el pan hasta formar una papilla. Poner la sartén al fuego con el aceite, y cuando este caliente, freír los rellenos formando unas pelotas. Yo los hago con una cuchara de desayuno. Cuando los tengamos reservar.

En ese aceite freiremos la cebolla que tendremos cortada muy pequeña y cuando esté la cebolla, poner el pimentón y pasar todo a la olla.

Pelar y cortar las patatas y poner junto con las morcillas y los rellenos en la olla, poner la sal y dejar cocer unos 15 minutos. Ojo no tapar la olla en esta cocción.

Harina de guijas o almortas

INGREDIENTES

- Harina de almortas 6 cucharadas soperas
- Panceta, o papada un kilo
- Pimentón dulce una cucharada sopera
- Ajos
- Aceite
- Sal y agua

ELABORACIÓN

En una sartén grande o un caldero poner aceite y freír bien el tocino cortado en lonchas no muy grandes, cuando este reservar.

Freír los ajos y quitarlos.

A continuación poner la harina y freírla, pero que no se queme.

Cuando esté poner el pimentón y darle unas vueltas. Añadiremos el agua poco a poco sin dejar de mover para que no se formen grumos. Poner la sal y seguir trabajando hasta que consideremos que ya están (eso será unos 6 o 8 minutos), sin dejar de mover y lista para comer!!!!

Hay muchas formas de hacerlas, yo las hago muy simples pero son como las aprendí de mi madre y creo que son como mas buenas están.

Se suelen servir en la sartén y comer con el pan acompañadas del tocino. Bueno esto no es preciso, cada uno ….. pero una buena siesta después.

Morteruelo

INGREDIENTES

- Hígado de cerdo 350 gramos
- Una pechuga de gallina
- Medio conejo
- Aceite 100 ml
- Pan: uno de medio kilo, la miga
- Sal
- Pimienta molida
- Clavo
- Canela
- Pimentón dulce

ELABORACIÓN

Limpiar y lavar la carne y ponerla a cocer con sal durante 45 minutos en una olla exprés, con suficiente agua pues luego nos hará falta para cocinar.

Deshuesar la carne y cortarla muy pequeña, menos el hígado que lo dejaremos aparte para luego picarlo en el mortero.

En una sartén honda o caldero poner el aceite, freír el pimentón (ojo que no se queme !), añadir el pan, darle unas vueltas y añadir el caldo de la cocción. No dejar de mover. Cocinar a fuego lento, añadir la carne, el hígado y las especias, comprobar de sal y seguir moviendo hasta que estén cocinados; esto sera unos 15 o 20 minutos !!!!

Este morteruelo es que yo hago ahora, es mas suave pero no tiene nada que ver con el que se hacia antes en mi pueblo, Campillo, cuando era el tiempo de la matanza del cerdo se reunía la familia lo mas allegada para ayudarse y al tiempo lo celebraban y con la casquería del cerdo se freía para comer y en el aceite de freír se hacia el morteruelo, solo con hígado pan y especias este es el autentico morteruelo, luego existen muchas recetas !!!!!!!

Gazpacho manchego

INGREDIENTES

- Gallina una pechuga
- Conejo medio de la parte de bajo
- Un taco de jamón
- Tortas dos bolsas
- Champiñón un 1/4
- Pimiento verde uno
- Tomate maduro uno
- Laurel 4 hojas
- Ajos una cabeza mas 3 dientes
- Pimentón una cucharada de desayuno
- Aceite de oliva un poco
- Un sobre de especias para gazpacho

ELABORACIÓN

Poner en una olla expreso con bastante agua la gallina, el conejo, las hojas de laurel, la cabeza de ajos y el jamón, poner un poco sal y dejar cocer 30 minutos,.

Dejar enfriar un poco, poner el caldero en el fuego con un poco de aceite y por orden, sofreiremos el pimiento, los ajos, el tomate y el champiñón. Tendremos limpio y cortado muy pequeño todo menos el champiñón, que lo cortaremos en laminas.

Cuando este sofrito añadir el pimentón, poner el caldo de la cocción colado y la carne deshuesada y limpia de grasas. Cuando comience a hervir poner la torta, el sobre de especias y comprobar de sal, dejar cocer unos 15 minutos moviendo a menudo, para que no se peguen!!!!!

Ruletes con arroz

INGREDIENTES

- Ruletes o alubias pintas 500 gramos
- Arroz 300 gramos
- Cuatro dientes de ajo
- Tres hojas de laurel
- Tres chorizos
- Sal
- Aceite un chorrito
- Pimentón dulce una cucharada de desayuno

ELABORACIÓN

Poner por la noche los ruletes a remojo con un poco de sal.

Por la mañana lavarlos bien y en una olla poner con abundante agua al fuego junto con los chorizos (yo los pongo el la olla exprés) 30 minutos, eso depende de las ollas.

Pasado ese tiempo, en una sartén poner el aceite y cortar los ajos a laminas y freír. Cuando estén (ojo que no se quemen), añadir el pimentón, pasarlo a la olla... y es el momento de poner la sal.

Dejar cocer unos 5 minutos y añadir el arroz.

Cocer durante unos 15 minutos y listo!!!!!

También se le suele llamar empedrao!!!!!!

Y hasta aquí las recetas de mamá...
Aunque aún quedan muchas más por
publicar.

Si queréis seguirlas:
Preguntaleamari.es

Printed in Great Britain
by Amazon

78839296R00051